Sumérgete en el apasiona
donde cada salto y cada golpe cuentan una
historia de pasión, perseverancia y triunfo.
y triunfo.

"50 Leyendas del Voleibol" te invita a descubrir
las extraordinarias carreras de jugadoras que han
trascendido este deporte, dejando una huella
imborrable en todas las canchas en las que han
jugado.
en las que han jugado.

Desde la electrizante energía de un remate
ganador hasta las desesperadas defensas que
cautivaron a los espectadores, este libro es un
homenaje a quienes elevaron el voleibol a la
categoría de arte.

RESUMEN

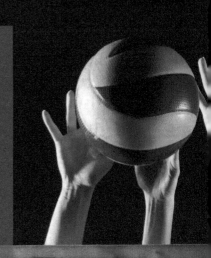

#1- KARCH KIRALY

#2- REGLA TORRES

#3- SERGEY TETYUKHIN

#4- LANG PING

#5- GIBA

#6- MISTY MAY-TREANOR

#7- LORENZO BERNARDI

#8- YEKATERINA GAMOVA

#9- HUGO CONTE

#10- KERRI WALSH JENNINGS

#11- SINJIN SMITH

#12- SHEILLA CASTRO

#13- RENAN DAL ZOTTO

#14- FERNANDA VENTURINI

#15- MAXIM MIKHAYLOV

#16- INNA RYSKAL

#17- DMITRIY MUSERSKIY

#18- GABRIELLE REECE

#19- IVAN MILJKOVIĆ

#20- HELIA SOUZA 'FOFÃO'

#21- RON VON HAGEN

#22- KIM YEON-KOUNG

#23- OSMANY JUANTORENA

#24- SARAH PAVAN

#25- WILFREDO LEÓN

RESUMEN

#26- LOGAN TOM

#27- CLAYTON STANLEY

#28- FRANCESCA PICCININI

#29- BARTOSZ KUREK

#30- REGLA BELL

#31- EARVIN NGAPETH

#32- VLADIMIR GRBIĆ

#33- RANDY STOKLOS

#34- JORDAN LARSON

#35- MATT ANDERSON

#36- GABRIELA GUIMARÃES

#37- YOANDRY LEAL

#38- MIREYA LUIS

#39- ALEKSANDR SAVIN

#40- ZHU TING

#41- RITA CROCKETT

#42- TAISMARY AGÜERO

#43- ALEXEY VERBOV

#44- DANIELLE SCOTT-ARRUDA

#45- SAEID MAROUF

#46- STEFANA VELJKOVIĆ

#47- BRUNO REZENDE

#48- THAÍSA MENEZES

#49- MATEY KAZIYSKI

#50- SAORI KIMURA

KARCH KIRALY, "EL REY"

NACIDO EL 3 DE NOVIEMBRE DE 1960 EN JACKSON, MICHIGAN, ESTADOS UNIDOS.

Su palmarés incluye tres medallas de oro olímpicas (1984, 1988 en pista cubierta y 1996 en voleibol de playa), convirtiéndose en el primer jugador en ganar el oro en ambas disciplinas. Además de su éxito olímpico, Kiraly ganó numerosos títulos del Circuito Mundial AVP y FIVB, así como un Campeonato Mundial FIVB en 1986.

EL REINADO DE UN REY

Karch Kiraly es famoso por su increíble versatilidad, su inquebrantable espíritu competitivo y su liderazgo dentro y fuera del campo. Lo que lo distingue particularmente es su capacidad para sobresalir tanto en el voleibol de interior como en el de playa, una hazaña rara y difícil. Su impecable técnica, su visión del juego y su dedicación al deporte han sido elementos claves en su carrera llena de títulos y distinciones.

Durante su carrera, Karch Kiraly ha sido sinónimo de excelencia e innovación. Aparte de sus múltiples victorias y campeonatos olímpicos, es reconocido por haber revolucionado el juego con su estilo y técnica. Fue un modelo de longevidad atlética, jugando y ganando incluso a la edad en que la mayoría de los atletas se retiran. Su legendario partido contra Sinjin Smith y Randy Stoklos en la década de 1980 todavía se cita entre los mejores momentos del voleibol playa. Fuera de la cancha, su contribución al desarrollo y promoción del voleibol ha sido invaluable, incluido su trabajo como comentarista y entrenador, inspirando a generaciones de jugadores.

En 2001 la FIVB lo nombró jugador del siglo junto al italiano Lorenzo Bernardi.

REGLA TORRES HERRERA

NACIDO EL 12 DE FEBRERO DE 1975 EN LA HABANA, CUBA.

Su récord incluye tres medallas de oro olímpicas consecutivas (1992, 1996 y 2000), lo que la convierte en una de las pocas atletas en lograr esta hazaña en un deporte de equipo. También ganó varios Campeonatos Mundiales y fue una pieza central del equipo cubano durante su período de dominio internacional en la década de 1990.

DINASTÍA DE UNA DIVA

Regla Torres es famosa por su imponente presencia y su impecable técnica en el campo. Destaca por su versatilidad, su capacidad para realizar ataques deslumbrantes y su inquebrantable defensa. Su período de éxito coincide con la época dorada del voleibol cubano, donde jugó un papel clave en el dominio de su equipo en el escenario internacional.

Regla Torres comenzó a jugar para el equipo nacional cubano a la temprana edad de 14 años, estableciéndose rápidamente como una fuerza importante. Su impacto fue inmediato y llevó a Cuba a victorias en casi todas las competiciones importantes. Su carrera está marcada por momentos de gloria, incluidas sus actuaciones excepcionales en los Juegos Olímpicos y los Campeonatos del Mundo, donde a menudo fue nombrada MVP. No sólo es un icono en su Cuba natal, sino también una figura respetada a nivel mundial en el mundo del voleibol. Después de su retiro, continuó influyendo en el deporte como entrenadora y mentora de jóvenes talentos.

A pesar de su comportamiento a menudo controvertido, Regla Torres fue elegida mejor jugadora del siglo XX y en 2001 fue incluida en el Salón de la Fama del Voleibol.

SERGUÉI TETIUKHIN

NACIDO EL 23 DE SEPTIEMBRE DE 1975 EN MARGILAN, RUSIA.

Sergey Tetyukhin es uno de los jugadores más condecorados del voleibol masculino, con una carrera internacional que abarca más de dos décadas. Ha ganado cuatro medallas olímpicas, incluido el oro en Londres en 2012. Su palmarés también incluye múltiples campeonatos europeos, ligas mundiales y prestigiosos títulos de clubes.

LA EPOPEYA DE UN TITÁN

Sergey Tetyukhin es famoso por su increíble durabilidad, liderazgo y eficiencia tanto en ataque como en defensa. Lo que lo hace único es su capacidad para permanecer en el nivel más alto durante tanto tiempo, reinventándose constantemente y adaptándose a la evolución del juego. Su visión del juego, su capacidad para realizar ataques decisivos y su compromiso con el deporte lo convierten en un modelo a seguir para jugadores de todo el mundo.

Tetyukhin comenzó su carrera internacional en la década de 1990 y rápidamente se ganó la reputación de ser un jugador imprescindible. Su participación en cuatro Juegos Olímpicos consecutivos es un testimonio de su condición física y dedicación, con actuaciones que a menudo cambiaron el rumbo incluso en los partidos más tensos. Su liderazgo ha sido crucial para las victorias del equipo ruso, incluido el triunfo olímpico de 2012, donde jugó un papel decisivo en la obtención del oro. A nivel de clubes también disfrutó de muchos éxitos, ganando títulos en las ligas más competitivas. Su longevidad, unida a una impresionante lista de éxitos, lo convierten en un verdadero ícono deportivo.

Ha recibido la Orden de la Amistad desde el 19 de abril de 2001, la medalla de la Orden al Mérito de la Patria desde el 2 de agosto de 2009 y la Orden de Honor desde el 13 de agosto de 2012.

LANG PING

NACIÓ EL 10 DE DICIEMBRE DE 1960 EN BEIJING, CHINA.

Lang Ping es conocida por llevar a China al oro olímpico en 1984. Su historial también incluye varias medallas de oro en campeonatos y copas del mundo. Después de una extraordinaria carrera como jugadora, continuó como entrenadora, ganando numerosos elogios.

EL VIAJE ÉPICO DE LANG PING

Lang Ping es famosa por su fenomenal poder y liderazgo tanto en el campo como como entrenadora. Apodada "El Martillo de Hierro" por sus ataques despiadados, fue un pilar del equipo nacional chino durante su época dorada en la década de 1980. Su singularidad radica en su estilo de juego agresivo y su capacidad para inspirar y transformar a los equipos que entrena.

Lang Ping hizo historia al convertirse en la primera persona en ganar el oro olímpico como jugador y como entrenador. Su carrera como jugadora fue exitosa, con un papel crucial en el equipo chino que dominó el voleibol internacional en la década de 1980. Como entrenadora, continuó rompiendo barreras, guiando a equipos nacionales de Estados Unidos y China a importantes victorias y contribuyendo significativamente a la popularidad, y desarrollo del deporte. Su transición de jugadora a entrenadora estuvo marcada por una serie de victorias e innovaciones que continúan dando forma al voleibol moderno.

Primera mujer en ganar el oro olímpico en voleibol como jugadora y entrenadora.

GILBERTO AMAURI, "GIBA"

NACIDO EL 23 DE DICIEMBRE DE 1976 EN LONDRINA BRASIL.

Giba fue una parte clave del equipo brasileño que dominó el voleibol internacional en la década de 2000, ganando tres medallas de oro consecutivas en el Campeonato Mundial (2002, 2006, 2010) y una medalla de oro olímpica en 2004. Giba también es reconocido por sus victorias en la Liga Mundial, Copa América.

EL MAESTRO DEL VOLEIBOL

Giba es famoso por su increíble agilidad, técnica refinada y espíritu competitivo. Su singularidad radica en su impresionante gatillo vertical, su capacidad para realizar ataques potentes y precisos y su papel como líder inspirador en el campo. Sus actuaciones en partidos cruciales dejaron una huella imborrable en la historia del voleibol.

La carrera de Giba está marcada por momentos memorables, comenzando con su rápido ascenso en las filas del voleibol brasileño. Sus actuaciones durante los Juegos Olímpicos de 2004, donde llevó a Brasil al oro, son legendarias. Giba también fue crucial en las victorias del Campeonato Mundial, mostrando una resistencia y determinación inquebrantables. Su presencia significó el éxito para Brasil y, a menudo, fue la clave de la victoria en partidos reñidos y torneos difíciles. Fuera del campo, Giba ha sido embajador del deporte, involucrado en organizaciones benéficas e iniciativas para promover el voleibol en todo el mundo.

Dio positivo por cannabis en 2002, lo que provocó su suspensión.

MISTY MAY-TREANOR

NACIDO EL 30 DE JULIO DE 1977 EN LOS ÁNGELES, CALIFORNIA, ESTADOS UNIDOS.

Misty May-Treanor ganó tres medallas de oro olímpicas consecutivas (2004, 2008, 2012) a dúo con Kerri Walsh Jennings. Además, posee numerosos títulos del Campeonato Mundial de Voleibol de Playa FIVB y del AVP Tour. Su dominio sobre la arena es indiscutible con más de cien victorias en torneos profesionales.

LA REINA INDISCUTIBLE DE LA ARENA

Su especificidad reside en su increíble sentido del juego, su impenetrable defensa y su perfecta cohesión con Walsh Jennings. Sus estadísticas, incluidas victorias y títulos en series récord, dan fe de su nivel excepcional y su influencia duradera en el deporte. Su retiro después de los Juegos de 2012 marcó el final de una era, pero su legado sigue vivo a través de sus numerosos récords y la inspiración que continúa brindando a los jugadores de todo el mundo.

Además de sus medallas olímpicas y victorias en campeonatos mundiales, Misty May-Treanor tiene varios momentos icónicos que marcan su carrera. Su regreso al juego después de una lesión en el tendón de Aquiles en 2008 es un testimonio de su determinación y resistencia. También es conocida por su compromiso con la formación de la próxima generación de jugadores, trabajando para promover el voleibol de playa a través de campamentos y clínicas. Su popularidad trascendió lo deportivo, apareciendo en programas de televisión y campañas publicitarias, convirtiéndola en una figura reconocida más allá de los círculos deportivos. Su pasión por el juego, su compromiso con la excelencia y su impacto cultural la convierten en un ícono inolvidable.

Es miembro activo de la ONG "Wild Aid" que lucha por la preservación de especies y ecosistemas.

LORENZO BERNARDO

NACIDO EL 11 DE AGOSTO DE 1968 EN TRENTO, ITALIA.

Lorenzo Bernardi ganó dos Campeonatos del Mundo (1990, 1994), una medalla de plata olímpica (1996) y varios títulos de liga europea y mundial con la selección italiana. A nivel de clubes, acumula numerosas victorias, en particular en el Campeonato italiano y en la Liga de Campeones.

EL LEGADO DE UN VIRTUOSO

Lorenzo Bernardi es famoso por su impecable técnica, su visión estratégica del juego y su liderazgo tanto en la selección como en el club. Su especificidad radica en su versatilidad, pudiendo desempeñar casi cualquier papel en el campo con una eficacia formidable. Su inteligencia de juego, su compromiso y su regularidad al más alto nivel lo convierten en una figura emblemática del voleibol.

A lo largo de su carrera, Bernardi fue reconocido por su importante contribución al éxito del equipo italiano durante la década de 1990, una época dorada para el voleibol italiano. Sus actuaciones en Campeonatos del Mundo y Juegos Olímpicos han sido muchas veces decisivas, ganándose el respeto y la admiración de aficionados y jugadores. Después de su carrera como jugador, se dedicó a entrenar y continuó influyendo en el deporte a través de su experiencia y conocimientos tácticos. Su dedicación al voleibol se extiende también al compromiso con el desarrollo de este deporte, participando en diversas iniciativas y formaciones alrededor del mundo.

El 7 de mayo de 2015, en presencia del presidente del Comité Olímpico Nacional Italiano (CONI), Giovanni Malagò, se inauguró el Paseo de la Fama del Deporte Italiano en el Parque Olímpico del Foro Itálico de Roma.

EKATERINA GAMOVÁ

NACIÓ EL 17 DE OCTUBRE DE 1980 EN CHELYABINSK, RUSIA

Yekaterina Gamova es una de las jugadoras más dominantes en la historia del voleibol femenino. Ganó dos Campeonatos del Mundo (2006, 2010) y fue finalista olímpica dos veces (2000, 2004). A nivel de clubes, ha acumulado numerosos títulos nacionales e internacionales, entre ellos la Liga de Campeones.

UNA GIGANTA DE RUSIA

Yekaterina Gamova es famosa por su notable altura de 2,02 metros, lo que la convierte en una de las jugadoras de voleibol más altas. Su tamaño le dio una ventaja significativa, especialmente en ataques y bloqueos, donde prácticamente no tenía rival. Pero no fue sólo su estatura lo que la distinguió; su técnica, su versatilidad y su capacidad para dar golpes críticos en momentos clave impresionaron.

La carrera de Gamova está llena de momentos memorables, incluidas sus destacadas actuaciones en el Campeonato Mundial, donde llevó a su equipo al oro. Sus partidos contra otras grandes naciones del voleibol a menudo estuvieron marcados por momentos en los que dominó la cancha, demostrando presencia y poder excepcionales. A nivel de clubes, fue igualmente influyente y aportó éxito y prestigio a sus equipos. Después de su retiro, siguió siendo una figura influyente en el mundo del voleibol, a menudo involucrada en el desarrollo deportivo y la promoción del juego femenino.

Después de una intensa y polémica final, en los Juegos Olímpicos de Atenas 2004, contra la selección china. Gamova, descontenta con el arbitraje y profundamente decepcionada, mostró su disgusto negándose a aceptar la medalla de plata en la ceremonia de premiación.

HUGO CONTE

NACIÓ EL 14 DE JULIO DE 1963 EN BUENOS AIRES, ARGENTINA

Hugo Conte compitió en tres Juegos Olímpicos y ganó una medalla de bronce en 1988 en Seúl. Además de su éxito olímpico, Conte ha acumulado numerosos elogios de clubes y selecciones nacionales, incluidas victorias en campeonatos en Italia y Francia.

EL MAGO DEL VOLEIBOL

Su singularidad reside en su versatilidad en el campo, capaz de sobresalir en diversos roles con habilidad y elegancia poco comunes. Es particularmente reconocido por su espectacular defensa, sus poderosos ataques y su inteligencia de juego. Los momentos notables de su carrera incluyen no sólo sus logros olímpicos sino también su capacidad para liderar e inspirar a sus equipos en las competiciones internacionales más duras.

Durante su carrera, Conte fue una parte crucial de la selección argentina, llevando al equipo a varias victorias notables en el escenario internacional. Su juego durante el Campeonato del Mundo y la Copa del Mundo fue elogiado por su técnica y perseverancia. A nivel de clubes fue igualmente influyente, aportando éxito y experiencia, especialmente en las ligas europeas, donde jugó durante la mayor parte de su carrera. Tras retirarse como jugador, siguió influyendo en el deporte como entrenador, transmitiendo su pasión y su saber hacer a las nuevas generaciones.

Conte jugó en tres décadas diferentes, testimonio de su excepcional longevidad.

KERRI WALSH-JENNINGS

NACIDO EL 15 DE AGOSTO DE 1978 EN SANTA CLARA, CALIFORNIA, ESTADOS UNIDOS.

Kerri Walsh Jennings conocida por su asociación histórica con Misty May-Treanor. Juntos ganaron tres medallas de oro olímpicas consecutivas (2004, 2008 y 2012), la primera vez en la historia del deporte. Además de sus éxitos olímpicos, tiene numerosas victorias en torneos del Campeonato Mundial y del Circuito Mundial FIVB.

LUZ SOLAR DE VOLEIBOL DE PLAYA

Kerri Walsh Jennings es famosa por su capacidad para dominar el voleibol de playa a escala mundial. Su especificidad reside en su formidable presencia en la red, su técnica defensiva y su capacidad para formar dúos dinámicos con sus compañeros, su legendaria alianza con Misty May-Treanor. Sus tres medallas de oro olímpicas consecutivas establecieron un estándar de excelencia para este deporte, convirtiéndolos en los rostros icónicos del voleibol playa.

La carrera de Kerri Walsh Jennings está plagada de victorias contundentes y momentos de resiliencia. Además de sus medallas olímpicas, ha sido una fuerza dominante en el circuito profesional, ganando títulos con diferentes parejas y demostrando su versatilidad y adaptación. Su regreso al juego después de lesiones y embarazos demuestra su compromiso y pasión por el deporte. Fuera de la cancha, es conocida por su labor caritativa y por asesorar a jóvenes atletas, así como por sus esfuerzos por promover el voleibol de playa como un deporte profesional e inclusivo.

Es la segunda jugadora en la historia en ser nombrada cuatro veces para el primer equipo All America después de Bev Oden.

SINJIN SMITH
"EL REY DE LA PLAYA"

NACIDO EL 7 DE MAYO DE 1957 EN SANTA MÓNICA, CALIFORNIA, ESTADOS UNIDOS

Sinjin Smith es una leyenda del voleibol playa, a quien se le atribuye haber definido y dominado el deporte durante las décadas de 1980 y 1990. Con más de 140 victorias en torneos profesionales, ostenta uno de los récords más impresionantes de este deporte. Ha ganado numerosos títulos en el circuito AVP e internacionalmente, incluido el Campeonato Mundial FIVB.

EL MONARCA DE ARENA

Sinjin Smith es famoso por su increíble habilidad y resistencia, y permaneció en la cima del voleibol de playa durante más de dos décadas. Lo que lo hace único es su capacidad para leer el juego, su defensa inigualable y sus ataques estratégicos. Fue un pionero y dio forma al deporte con su compañero de toda la vida, Randy Stoklos, con quien formó uno de los equipos más temidos en la arena.

La carrera de Sinjin Smith está marcada por una serie de victorias y logros. Entre ellos, su asociación con Randy Stoklos generó una era de dominio sin precedentes en el voleibol de playa. Fue uno de los primeros jugadores en ganarse la vida profesionalmente con el voleibol playa, influyendo en la estructura y formato de los torneos actuales. Su presencia continua como embajador del deporte después de su retiro muestra su compromiso duradero y su amor por el voleibol de playa. Su influencia se extiende más allá de las fronteras, habiendo ayudado a internacionalizar el deporte a través de clínicas y eventos en todo el mundo.

Smith fue incluido en el Salón de la Fama de UCLA en 1991.

SHEILA CASTRO

NACIDO EL 1 DE
JULIO DE 1983 EN
BELO HORIZONTE,
BRASIL

Su palmarés incluye dos medallas de oro olímpicas consecutivas (2008 en Beijing y 2012 en Londres) con la selección brasileña. Además de sus victorias olímpicas, Sheilla Castro también ha ganado varios campeonatos mundiales, grandes premios mundiales y títulos de la Superliga brasileña.

LA TRAYECTORIA TRIUNFAL DE SHEILLA CASTRO

Sheilla Castro es famosa por su increíble talento de ataque, consistencia y capacidad para realizar actuaciones clave bajo presión. Lo que lo hace único es su versatilidad en el campo y su capacidad para llevar a su equipo a la victoria en los momentos críticos. Fue un pilar del equipo brasileño durante un período de éxito sin precedentes, contribuyendo a su estatus de superpotencia en el voleibol femenino.

La carrera de Sheilla está marcada por momentos memorables, incluida su actuación excepcional en los Juegos Olímpicos que llevaron a Brasil a ganar el oro. También es conocida por su resiliencia, al recuperarse de lesiones para seguir desempeñándose al más alto nivel. A nivel de clubes, fue una fuerza dominante, llevando a sus equipos a múltiples títulos y reconocimientos. Su pasión por el juego y su compromiso con la excelencia son ejemplares e inspiran a una nueva generación de atletas en Brasil y más allá.

Fue capitana de la selección brasileña con tan solo 21 años.

RENAN DAL ZOTTO

Renan Dal Zotto conocido por su destacada carrera como jugador y su exitosa transición como entrenador. Como jugador, fue un miembro clave de la selección brasileña, ganando plata en los Juegos Olímpicos de 1984 y varias medallas en competiciones sudamericanas y mundiales.

EL ARQUITECTO DEL VOLEIBOL BRASILEÑO

Su singularidad radica en su enfoque innovador y su capacidad para transformar a los jugadores en una unidad cohesiva, maximizando sus talentos y habilidades. Fue pionero en la adopción de nuevas técnicas y estrategias que revolucionaron la forma de jugar en Brasil, convirtiendo al equipo en una fuerza dominante. Su compromiso con la excelencia y dedicación al desarrollo del voleibol reflejan su profunda pasión por el deporte.

Como jugador, Renan Dal Zotto fue reconocido por su versatilidad e inteligencia de juego, convirtiéndose en una leyenda en Brasil y en el extranjero. Después de colgar los zapatos, rápidamente demostró su valía como entrenador, aplicando su experiencia y visión para formar a las generaciones futuras. Bajo su liderazgo, la selección brasileña siguió prosperando, ganando importantes títulos y posicionándose consistentemente entre los mejores equipos del mundo. Su capacidad para motivar e innovar ha sido clave en muchos partidos y torneos decisivos, afirmando su estatus como figura icónica del voleibol.

Renan Dal Zotto introdujo el "saque con salto" en Brasil, revolucionando el juego.

FERNANDA VENTURINI

NACIDO EL 24 DE OCTUBRE DE 1970 EN ARARAQUARA, BRASIL.

Fernanda Venturini es considerada una de las mejores pasadoras de la historia del voleibol brasileño. Su historial es rico, incluida una medalla de bronce olímpica en 1996 y numerosas victorias en el Gran Premio Mundial, el Campeonato Sudamericano y otras competiciones internacionales.

LA MAESTRA DE LA PASSE

Su singularidad radica en su técnica de pase y su capacidad para anticipar y reaccionar rápidamente a las acciones del juego. Ha sido reconocida por su inteligencia en el juego y su compromiso con la excelencia, desempeñando un papel clave en la evolución del voleibol femenino en Brasil. Su estilo de juego elegante y eficiente, combinado con su espíritu de lucha, dejó su huella y un legado duradero en el mundo del voleibol.

Más allá de sus logros con la selección nacional, Fernanda Venturini disfrutó de una carrera de club igualmente impresionante, ganando múltiples campeonatos y reconocimientos individuales. Es reconocida por llevar a los equipos que ha dirigido a nuevas alturas, a menudo en momentos cruciales de competiciones reñidas. Su capacidad para dar asistencias, manejar la presión e inspirar a sus compañeras de equipo han contribuido a su estatus legendario. Incluso después de su jubilación, permaneció activa en el mundo del voleibol, participando en iniciativas para promover el deporte y formar a las generaciones futuras.

Hizo un regreso impresionante a la competición después de ser madre y siguió jugando al más alto nivel.

#15

MAXIM MIJÁILOV

NACIDO EL 19 DE MARZO DE 1988 EN KUZMOLOVSKY, RUSIA.

Maxim Mikhaylov es un jugador de voleibol ruso conocido por ser uno de los mejores delanteros del mundo. Su historial es impresionante: una medalla de oro olímpica en 2012, varios campeonatos del mundo y numerosos títulos de la Liga de Campeones de Europa.

EL GIGANTE DEL ATAQUE

Maxim Mikhaylov es famoso por su fenomenal potencia y su refinada técnica como delantero. Su especificidad reside en su altura, su impresionante alcance y su capacidad para llevar a cabo ataques devastadores. También es conocido por su versatilidad, capaz de jugar eficazmente como centro y opuesto. Su presencia intimidante y su espíritu competitivo lo convierten en una figura icónica del voleibol ruso y mundial.

Mikhaylov jugó un papel clave en el triunfo del equipo ruso en los Juegos Olímpicos de 2012, donde fue un factor decisivo en su medalla de oro. A nivel de clubes, ha sido una fuerza dominante, llevando a sus equipos a varias victorias en la Liga de Campeones y campeonatos nacionales. Sus actuaciones en la selección nacional incluyen importantes contribuciones en los Campeonatos del Mundo y los Campeonatos de Europa, donde ha demostrado regularmente su capacidad para lograr puntos cruciales e inspirar a sus compañeros de equipo. Su compromiso con el voleibol y su constante búsqueda de la excelencia lo han convertido en un modelo a seguir para jugadores jóvenes de todo el mundo.

Tiene un total de 129 partidos internacionales con la selección rusa.

INNA RYSKAL

NACIDO EL 7 DE OCTUBRE DE 1944 EN GORKY, UNIÓN SOVIÉTICA (AHORA NIZHNY NOVGOROD, RUSIA)

Inna Ryskal es una figura icónica del voleibol soviético, ya que ganó medallas de oro olímpicas en 1968 y 1972. Además de su éxito olímpico, fue un componente clave de los equipos que ganaron el Campeonato Mundial en 1960, 1962, 1970 y 1974, así como así como numerosos campeonatos europeos.

EL PIONERO DEL VOLEIBOL SOVIÉTICO

Inna Ryskal se distinguió por su impecable técnica y su inquebrantable determinación, convirtiéndose en una pionera del voleibol femenino en la Unión Soviética. Su singularidad radica en su capacidad para destacar en diversas posiciones, su poder de ataque y su técnica de bloqueo, que han sido cruciales en momentos clave de su carrera. Es reconocida por elevar el nivel de juego y ser una inspiración para las generaciones futuras de jugadores.

Ryskal fue una figura dominante en dos Juegos Olímpicos, llevando a su equipo al oro en cada ocasión. Ella fue una fuerza impulsora detrás del éxito del equipo soviético, conocido por su resistencia y capacidad para superar la presión en los torneos internacionales. Sus contribuciones fueron esenciales para establecer a la Unión Soviética como una potencia dominante en el voleibol femenino durante las décadas de 1960 y 1970. Después de su retiro, continuó involucrada en el deporte, aportando su experiencia y conocimientos como entrenadora, contribuyendo al crecimiento y popularidad del voleibol.

Inna Ryskal fue elegida "Mejor jugadora de voleibol" por la FIVB en 1973.

DMITRIY MUSERSKIY

NACIDO EL 29 DE OCTUBRE DE 1988 EN MAKIIVKA, URSS (ACTUALMENTE UCRANIA)

Dmitriy Muserskiy contribuyó significativamente al equipo ruso, ganando el oro olímpico en 2012, así como múltiples campeonatos mundiales y títulos de la Liga Mundial. Su palmarés también incluye numerosos títulos a nivel de clubes, especialmente en la liga rusa y la Liga de Campeones.

EL MURO DEL VOLEIBOL RUSO

Dmitriy Muserskiy es famoso por su increíble altura y poder, lo que le otorga una presencia casi inigualable en la cancha. Lo que lo hace único es su habilidad para realizar bloqueos devastadores y ataques deslumbrantes, todo ello complementado con una técnica sorprendentemente refinada para un jugador de su tamaño. Su actuación en los Juegos Olímpicos de 2012, donde jugó un papel clave en la victoria de Rusia, fue uno de los momentos más emblemáticos de su carrera.

La carrera de Muserskiy está marcada por actuaciones dominantes, tanto a nivel internacional como de clubes. Su paso del centro al opuesto durante la final olímpica de 2012 es un ejemplo notable de su versatilidad y fue fundamental para la medalla de oro de Rusia. A nivel de clubes fue un pilar, llevando a sus equipos a múltiples victorias y reconocimientos. Su impacto se mide no sólo en títulos y medallas, sino también en la forma en que inspiró a una nueva generación de jugadores a desarrollar versatilidad y técnica adecuadas a su tamaño.

Antes de ser internacional ruso, fue internacional juvenil ucraniano durante la temporada internacional de 2006. Ha recibido la Orden de la Amistad desde el 13 de agosto de 2012.

GABRIELLE REECE

NACIDO EL 6 DE ENERO DE 1970 EN LA JOLLA, CALIFORNIA, ESTADOS UNIDOS

Gabrielle Reece es reconocida por su carrera en el voleibol de playa, además de ser una influyente embajadora de este deporte. Aunque no tiene un historial impresionante, su contribución al voleibol de playa como jugadora profesional y personalidad de los medios ha ayudado enormemente a popularizar el deporte.

LA FIGURA DECORATIVA DEL VOLEIBOL DE PLAYA

Su singularidad radica en su imponente presencia física, su competitividad y su compromiso de promover el voleibol playa a un público más amplio. Fue pionera en combinar atletismo y entretenimiento, contribuyendo a la cobertura mediática y al marketing del voleibol playa. Su influencia se extiende más allá de su éxito en torneos, teniendo también una exitosa carrera como modelo, actriz y autora.

Gabrielle Reece fue una de las primeras jugadoras que realmente aprovechó la creciente popularidad del voleibol de playa en los años 90, convirtiéndose en una cara reconocible de este deporte. Ha utilizado su plataforma para fomentar la participación de las mujeres en los deportes y ha sido portavoz de salud y fitness. Su transición a la televisión y la escritura también ha demostrado su versatilidad e influencia como figura pública. Ha mantenido una presencia en la comunidad del voleibol como entrenadora y mentora, y continúa inspirando a futuras generaciones de jugadores.

Apareció en varias revistas de moda entre los años 1980 y principios de los 1990. Apareció en las portadas de Outside, Shape, Women's Sports & Fitness, Playboy, Elle y Life.

IVAN MILJKOVIĆ

NACIDO EL 13 DE JULIO DE 1979 EN NIŠ (DISTRITO DE NIŠAVA).

Ivan Miljković llevó al equipo nacional serbio a una medalla de oro en los Juegos Olímpicos de Atenas 2000, así como a múltiples títulos de Campeonato de Europa y Liga Mundial. A nivel de clubes, ganó varias Ligas de Campeones y campeonatos nacionales, afirmando su reputación como el jugador más dominante de su generación.

EL FRANCOTIRADOR DEL ATAQUE SERBIO

Ivan Miljković es famoso por su poder de ataque y su capacidad para dominar el juego. Su singularidad reside en su técnica refinada, fuerza física e inteligencia de juego. Ha sido un jugador clave para Serbia y sus clubes, a menudo reconocido por su liderazgo y capacidad para inspirar a sus compañeros. Su contribución al voleibol va más allá de sus éxitos individuales, ya que ayudó a elevar el perfil del deporte en su país.

Durante su carrera, Ivan Miljković fue una fuerza constante en el campo, acumulando elogios y récords. Particularmente memorable fue su actuación en los Juegos Olímpicos de 2000, donde su potencia y habilidad fueron decisivas para la victoria del equipo serbio. A nivel de clubes, fue reconocido por su consistencia y excelencia, llevando a sus equipos a múltiples victorias en ligas competitivas. Su longevidad y compromiso con el deporte también son notables, ya que ha mantenido una presencia dominante en el voleibol internacional durante casi dos décadas.

Tiene 200 partidos internacionales con la selección serbia.

#20

HELIA SOUZA, "FOFÃO"

NACIDO EL 10 DE MARZO DE 1970 EN RÍO DE JANEIRO, BRASIL

Fofão es un pasador excepcional, con una notable carrera internacional. Elle a remporté l'or olympique avec l'équipe brésilienne en 2008 à Pékin, en plus d'une médaille de bronze en 1996 et d'argent en 2004. Elle a également contribué à de multiples victoires dans le Grand Prix Mondial et le Championnat del mundo.

LA CARRERA LEGENDARIA DE FOFÃO

Fofão es famoso por su creatividad, agilidad y liderazgo en el campo. Su especificidad radica en su capacidad para orquestar el juego, destacando no sólo sus habilidades técnicas sino también su inteligencia táctica. Fue parte vital de la selección brasileña durante más de dos décadas, compitiendo en cinco Juegos Olímpicos, un récord para una jugadora de voleibol brasileña.

A lo largo de su carrera, Fofão ha sido reconocida por su constancia y excelencia, desempeñando un papel crucial en las victorias y logros de su equipo. Fue particularmente destacable su capacidad para adaptarse a diferentes jugadores y situaciones, demostrando su profundo conocimiento del deporte. Sus actuaciones en partidos internacionales, especialmente en los Juegos Olímpicos y en competiciones mundiales, han sido a menudo decisivas. También ha sido una figura influyente a nivel de clubes, ganando campeonatos nacionales e internacionales y, a menudo, ha sido elogiada por su liderazgo y tutoría de jugadores más jóvenes.

Fofão continuó jugando a nivel competitivo internacional hasta casi los 45 años, demostrando una longevidad excepcional en el deporte.

RON VON HAGEN

NACIDO EL 25 DE ENERO DE 1938 EN LOS ÁNGELES, CALIFORNIA, ESTADOS UNIDOS.

Ron Von Hagen ganó más de 60 torneos abiertos, un logro notable para la época. Aunque no tiene medallas olímpicas a su nombre, dado que el voleibol de playa se convirtió en deporte olímpico recién en 1996, su dominio en las competencias nacionales y su impacto duradero en el deporte son incuestionables.

EL PRECURSOR DEL VOLEIBOL DE PLAYA

Ron Von Hagen es famoso por ser uno de los primeros en tomarse en serio el voleibol de playa como deporte profesional. Lo que lo hace único es su devoción por el juego, su increíble condición física y su depurada técnica. Ha sido un modelo de constancia y profesionalismo, participando en un número impresionante de torneos y a menudo saliendo victorioso. Su carrera sentó las bases para el futuro desarrollo del voleibol playa.

Ron Von Hagen fue una fuerza impulsora en el floreciente mundo del voleibol de playa, ganando torneos contra los mejores oponentes y estableciendo récords que se mantuvieron durante décadas. Era conocido por su meticulosa preparación, riguroso régimen físico y enfoque táctico del juego. Su pasión por el voleibol de playa no sólo moldeó su vida sino que inspiró a innumerables jugadores a seguir su ejemplo. Incluso después de su retiro, siguió siendo una figura influyente en la comunidad del voleibol playa, a menudo buscado por su experiencia y tutoría.

Su última victoria en el nivel Open llegó en 1977, cuando formó equipo con el futuro capitán del equipo de EE. UU., Chris Marlowe, en el torneo de Rosecrans Beach. Esta victoria es la primera y única en ese momento obtenida por un jugador de 38 años o más.

KIM YEON KOUNG

NACIDO EL 26 DE FEBRERO DE 1988 EN SEÚL, COREA DEL SUR.

Kim Yeon-koung llevó al equipo nacional de Corea del Sur a una medalla de plata en los Juegos Olímpicos de Londres 2012, una actuación histórica para el país. Además de sus hazañas olímpicas, ha disfrutado de un considerable éxito en clubes, incluidos campeonatos en las ligas turca, china y coreana.

UN TALENTO INCOMPARABLE

Kim Yeon-koung es famoso por su poderosa ofensiva, versatilidad y liderazgo excepcional. Lo que la hace única es su capacidad para ofrecer actuaciones dominantes en todos los niveles de juego. Es reconocida por su técnica impecable, su aguda visión del juego y su feroz determinación. Su influencia se extiende más allá de Corea; es una superestrella internacional, admirada por su capacidad para elevar el nivel de su juego en competición.

A lo largo de su carrera, Kim Yeon-koung ha sido una figura dominante, cautivando a los fanáticos con su poder y su elegante estilo de juego. Su notable actuación en los Juegos Olímpicos de 2012 destacó no sólo su talento excepcional sino también su capacidad para inspirar y liderar a su equipo. A nivel de clubes, fue igualmente influyente, ganando títulos y reconocimientos personales, al mismo tiempo que establecía estándares de profesionalismo y competitividad. Su pasión por el juego y su dedicación a la perfección continúan convirtiéndola en un ícono en el mundo del voleibol.

El 8 de julio de 2021, el Comité Olímpico de Corea del Sur la nombró abanderada de la delegación de Corea del Sur para los Juegos Olímpicos de Verano de 2020.

OSMANY JUANTORENA

NACIÓ EL 12 DE AGOSTO DE 1985 EN SANTIAGO DE CUBA, CUBA.

Osmany Juantorena ganó el oro con Italia en el Campeonato Europeo de 2015 y fue una parte clave en varias victorias de la Liga Mundial. A nivel de clubes, ganó múltiples Ligas de Campeones y campeonatos nacionales, particularmente en la liga italiana, donde se convirtió en una figura icónica.

EL IMPACTO EXPLOSIVO DE JUANTORENA

Osmany Juantorena es famoso por su increíble habilidad para marcar puntos en situaciones críticas. Lo que lo hace único es su combinación de altura, fuerza y técnica, lo que le permite dominar tanto en ataque como en recepción. Su paso de Cuba a la selección italiana supuso un importante punto de inflexión en su carrera, permitiéndole participar en importantes competiciones internacionales y ampliar su trayectoria.

A lo largo de su carrera, Juantorena ha sido elogiado por su destacada actuación en prestigiosos clubes europeos y selecciones nacionales. Sus victorias en la Liga de Campeones con diferentes clubes son testimonio de su impacto y papel clave como delantero. Su exitoso paso de la selección cubana a la italiana también tuvo un impacto, reflejando su deseo de jugar al más alto nivel internacional. Sus contribuciones han influido significativamente en las tácticas de juego y su estilo es a menudo estudiado y admirado por jugadores y entrenadores de todo el mundo.

Osmany Juantorena fue suspendido dos años por dopaje. Sólo volvió a la competición a finales de 2008 debido a la negativa de la federación cubana de permitirle jugar en Italia.

24

SARA PAVAN

NACIDO EL 16 DE AGOSTO DE 1986 EN KITCHENER, ONTARIO, CANADÁ.

Sarah Pavan ha brillado tanto en la arena como en el interior, pero es en el voleibol playa donde ha cosechado mayores éxitos. Con su compañera Melissa Humana-Paredes, ganó el Campeonato Mundial FIVB 2019, una novedad para Canadá. También ha acumulado varias victorias en el circuito profesional de voleibol de playa de la FIVB.

EL VERSÁTIL DE CANADÁ

Sarah Pavan es famosa por su excepcional versatilidad, habiendo destacado al más alto nivel en interiores y en la arena. Su gran estatura (196 cm) le otorga una presencia dominante en la red, tanto en ataque como en bloqueo. Es reconocida por su capacidad para adaptarse rápidamente a las diferentes dinámicas de cada versión del juego, destacando su exitosa transición del voleibol de interior al voleibol de playa, colocándola entre las pocas atletas que sobresalen en ambas disciplinas.

Además de su título mundial de voleibol playa, Sarah Pavan ha batido récords y ganado numerosos torneos internacionales, afirmando su lugar entre las mejores jugadoras del mundo. Su asociación con Melissa Humana-Paredes fue particularmente fructífera y se caracterizó por el entendimiento mutuo y la coordinación sobre el terreno. En el interior, ha sido una fuerza impresionante y ha tenido un impacto notable en todos los clubes en los que ha jugado, en Europa y más allá. Su determinación y capacidad para sobresalir en diversos entornos de voleibol ilustra su pasión y dedicación al deporte.

Tiene un total de 65 partidos internacionales con la selección canadiense. Su hermana Rebecca Pavan también es jugadora de voleibol y tiene 53 partidos internacionales con selecciones nacionales.

WILFREDO LEÓN

NACIDO EL 31 DE JULIO DE 1993 EN SANTIAGO DE CUBA, CUBA

Wilfredo León fue una parte clave de la selección cubana antes de convertirse en ciudadano polaco y unirse a la selección polaca. A nivel de clubes, ganó varias Ligas de Campeones con el Zenit Kazan y acumuló numerosos títulos y reconocimientos, incluidos múltiples MVP y títulos de mejor servidor.

EL ASCENSO DE UN TITÁN DEL VOLEIBOL

Wilfredo León es famoso por su poder de ataque, su excepcional habilidad para sacar y su juego aéreo dominante. Lo que lo hace único es su increíble relajación, velocidad y versatilidad en el campo. Es particularmente reconocido por su poderoso servicio, a menudo considerado uno de los mejores del mundo. Su traslado de Cuba a Polonia fue tema de gran atención y añadió una dimensión interesante a su carrera.

Desde su debut, Wilfredo León ha deslumbrado a fanáticos y expertos con sus espectaculares actuaciones. Fue impulsor de todos los clubes que representó, aportando éxito y prestigio. Su presencia es sinónimo de victoria y excelencia, tanto en el club como en la selección. Su impacto va más allá de los números, influyendo en las tácticas y el estilo de juego de los equipos contrarios. Su carrera también está marcada por su decisión de cambiar de nacionalidad deportiva, medida que generó debates sobre las regulaciones internacionales y la identidad en el deporte.

¡Wilfredo León, reconocido como un servidor de renombre, ya logró anotar 13 aces en solo 4 sets!

#26

LOGAN TOM

NACIDO EL 25 DE MAYO DE 1981 EN NAPA, CALIFORNIA, ESTADOS UNIDOS

Logan Tom ha sido una fuerza dominante como atacante externo, contribuyendo al equipo nacional de Estados Unidos con dos medallas de plata olímpicas (2008, 2012) y muchos otros reconocimientos en competencias mundiales, incluido el Gran Premio Mundial y el Campeonato Mundial.

UN VUELO DE TALENTOS

Logan Tom es famoso por su longevidad atlética y por mantener un alto nivel de juego a lo largo de su carrera. Lo que lo hace único es su capacidad excepcional para desempeñarse en momentos críticos y su inteligencia de juego, lo que lo hace crucial durante las competiciones más importantes. Fue una figura destacada del voleibol femenino y compitió en cuatro Juegos Olímpicos, una hazaña poco común que destaca su condición física y determinación.

Más allá de sus medallas olímpicas, Logan Tom ha sido reconocida por su presencia constante e influyente en el equipo nacional estadounidense, contribuyendo significativamente a su éxito en el escenario internacional. También se destacó en varias ligas profesionales alrededor del mundo, aportando su talento y experiencia a cada equipo al que se unió. Su capacidad para adaptarse a diferentes estilos de juego y su liderazgo fueron especialmente apreciados, lo que la convirtió en una jugadora respetada y una oponente formidable.

Se convirtió en entrenadora del equipo femenino israelí tras su retirada del deporte.

CLAYTON STANLEY

NACIDO EL 20 DE ENERO DE 1978 EN HONOLULU, HAWAII, ESTADOS UNIDOS

Clayton Stanley es reconocido por su papel crucial en el equipo nacional que ganó la medalla de oro en los Juegos Olímpicos de Beijing 2008. También ha contribuido a varias medallas en competiciones internacionales como la Liga Mundial de Voleibol y el Campeonato Mundial FIVB.

EL CANON AMERICANO DEL VOLEIBOL

Clayton Stanley es famoso por su impresionante estatura y su poderoso servicio, a menudo considerado uno de los mejores del mundo durante su carrera. Lo que lo hace único es su capacidad para realizar ataques y servicios devastadores que desafían la recepción del oponente. Su juego ofensivo y su experiencia fueron claves en los momentos críticos, llevando a Estados Unidos a importantes victorias.

La carrera de Stanley se destaca por su liderazgo y capacidad para sobresalir bajo presión, sobre todo durante los Juegos Olímpicos de 2008, donde fue una parte clave de la medalla de oro de Estados Unidos. Sus servicios y ataques a menudo han cambiado el rumbo de los partidos, marcando la historia de su selección nacional y de sus clubes. Además de sus éxitos olímpicos, también ha sido un impulsor en otras competiciones internacionales, ganándose el respeto y la admiración de sus compañeros y aficionados.

Clayton Stanley es conocido por tener uno de los saques más rápidos en la historia del voleibol profesional.

FRANCESCA PICCININI

Francesca Piccinini tiene una condecorada carrera que abarca más de dos décadas. Fue una parte clave de la selección italiana, ganando el Campeonato Mundial FIVB en 2002, así como varios Campeonatos Europeos y Grandes Premios Mundiales. A nivel de clubes, ha acumulado numerosos títulos, entre ellos la Liga de Campeones.

LA DIVA ITALIANA DEL VOLEIBOL

Francesca Piccinini es famosa por su refinada técnica, su versatilidad y su inteligencia en el campo. Lo que lo hace único es su increíble capacidad para permanecer al más alto nivel durante más de veinte años, una longevidad notable en un deporte tan exigente. Es conocida por su poder de ataque, su capacidad para realizar recepciones y defensas clave y su papel como mentora de los jugadores más jóvenes.

Piccinini compitió en cuatro Juegos Olímpicos, muestra de su excelencia y determinación. Ha sido una fuerza impulsora detrás del éxito histórico de Italia en competiciones internacionales, destacándose a menudo como una pieza clave en momentos críticos. Sus muchos años en el más alto nivel de clubes y voleibol internacional son un testimonio de su habilidad, ética de trabajo y dedicación. Su carrera también está marcada por su compromiso con la promoción del voleibol, en Italia y más allá.

En 2011, interpretó un pequeño papel en una película llamada "Femmine contro maschi" dirigida por Fausto Brizzi y apareció en la portada de la versión italiana de Playboy.

BARTOSZ KUREK

NACIDO EL 29 DE AGOSTO DE 1988 EN WALBRZYCH, POLONIA

Bartosz Kurek fue una parte crucial de la selección polaca, contribuyendo a su medalla de oro en el Campeonato Mundial FIVB en 2018, donde también fue nombrado MVP. A nivel de clubes, Kurek ha ganado numerosos títulos nacionales e internacionales, incluidos campeonatos de las ligas polaca, italiana y japonesa.

EL PODER POLACO

Bartosz Kurek es famoso por su devastador ataque, lo que le sitúa entre los atacantes más temidos. Lo que lo hace único es su increíble fuerza de ataque y versatilidad, capaz de jugar tanto como atacante como como oponente. Sus actuaciones en los principales torneos, en particular su papel decisivo en la victoria de Polonia en el Campeonato Mundial, solidificaron su reputación como jugador clave en el escenario internacional.

Más allá de su impresionante historial, Bartosz Kurek ha experimentado algunos momentos notables, incluidos regresos de lesiones y cambios de club influyentes, que han demostrado su resiliencia y determinación. Su contribución al éxito de la selección polaca fue invaluable, liderando a menudo al equipo en competiciones duras y partidos reñidos. Sus actuaciones en el club también han sido excepcionales, con contribuciones significativas a todos los equipos a los que se ha unido. Su carrera ejemplifica no sólo el éxito deportivo sino también el espíritu de perseverancia y pasión por el voleibol.

Bartosz Kurek ganó el MVP del Campeonato Mundial después de ser eliminado de la selección nacional el año anterior.

30

REGLA BELL, "EL MISIL CUBANO"

NACIDO EL 6 DE FEBRERO DE 1970 EN LA HABANA, CUBA.

Regla Bell conocida por su papel instrumental en uno de los equipos nacionales más dominantes en la historia del deporte. Ayudó a ganar tres medallas de oro olímpicas consecutivas (1992, 1996, 2000) con la selección cubana. Además de su éxito olímpico, también ha sido un pilar de las victorias en Campeonatos Mundiales y Grandes Premios Mundiales.

UNA DINAMITA DE CUBA

Regla Bell es famosa por su capacidad para dominar los partidos con su fuerza física y su depurada técnica. Lo que lo hizo único fue su poderoso ataque y su presencia intimidante en la defensa, lo que contribuyó a la reputación del equipo cubano como una fuerza imparable durante la década de 1990.

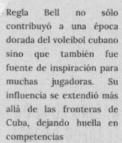

Regla Bell no sólo contribuyó a una época dorada del voleibol cubano sino que también fue fuente de inspiración para muchas jugadoras. Su influencia se extendió más allá de las fronteras de Cuba, dejando huella en competencias internacionales gracias a su pasión y dedicación al deporte. Sus actuaciones icónicas en partidos decisivos, especialmente en torneos olímpicos, han consolidado su lugar entre los grandes del voleibol. Incluso después de su retiro, su legado continúa inspirando a los atletas y representa la excelencia en el voleibol.

Regla Bell es una de las pocas jugadoras que ha mantenido una condición física y técnica de primer nivel durante tres ciclos olímpicos.

31

EARVIN NGAPETH

NACIDO EL 12 DE FEBRERO DE 1991 EN SAINT-RAPHAËL, FRANCIA

Earvin Ngapeth es uno de los jugadores más talentosos y carismáticos del voleibol moderno. Ha sido una parte clave de la selección francesa, contribuyendo a su victoria en la Eurocopa de 2015 y en varias Ligas Mundiales. A nivel de clubes ganó numerosos títulos, incluida la Liga de Campeones.

EL SHOW DE NGAPETH

Earvin Ngapeth es famoso por su estilo de juego extravagante y su estilo único, lo que lo convierte en una estrella indiscutible en el campo. Lo que lo hace único es su capacidad para crear momentos de juego memorables, ya sea mediante servicios ingeniosos, ataques sorprendentes o defensas acrobáticas. Su espectacularidad y su capacidad para cambiar el curso de los partidos con espectaculares acciones individuales lo convirtieron en el favorito de los fanáticos.

A lo largo de su carrera, Ngapeth ha acumulado actuaciones impresionantes tanto a nivel nacional como internacional. Sus momentos notables incluyen victorias decisivas y acciones de juego que a menudo se han transmitido en lo más destacado del mundo del voleibol. Su influencia se extiende más allá de sus éxitos deportivos, siendo reconocido por su actitud segura y espíritu competitivo. A pesar de las controversias y desafíos fuera del campo, ha mantenido una presencia influyente en el deporte, siempre dispuesto a sorprender y cautivar a los espectadores con su talento.

Earvin Ngapeth jugó 10 días en Irán para participar en la Copa Asiática de Clubes que ganó con el club Paykan Teherán.

32

VLADIMIR GRBIC, "VANJA"

NACIDO EL 14 DE DICIEMBRE DE 1970 EN KLEK, YUGOSLAVIA (AHORA SERBIA)

Vladimir Grbić fue una parte esencial del equipo yugoslavo que ganó el oro olímpico en 2000 en Sydney. Además de su triunfo olímpico, acumula numerosos títulos en Eurocopas, Ligas Mundiales y a nivel de clubes, principalmente en las ligas italiana y rusa.

CAMPEÓN DE OTRO TIEMPO

Vladimir Grbić es famoso por su increíble talento y espíritu de lucha en el campo. Lo que le hace único es su polivalencia como jugador, capaz de aportar muchísimo tanto en ataque como en defensa. Su actuación en los Juegos Olímpicos de Sídney 2000, donde ayudó a su equipo a conseguir una victoria histórica, sigue siendo uno de los momentos más emblemáticos de su carrera.

A lo largo de su carrera, Vladimir Grbić ha sido conocido por sus actuaciones excepcionales, su consistencia y su capacidad para sobresalir en los momentos críticos. Fue un líder dentro y fuera del campo, esforzándose a sí mismo y a sus compañeros de equipo para alcanzar la excelencia. Sus victorias en clubes y selecciones estuvieron acompañadas de reconocimientos individuales, recibiendo múltiples honores como MVP y Jugador Más Valioso. Su carrera es un testimonio de dedicación, talento e impacto duradero en el juego de voleibol.

Vladimir Grbić proviene de una familia de renombrados jugadores de voleibol; su padre y su hermano también fueron jugadores de voleibol profesionales de primer nivel.

RANDY STOKLOS

NACIDO EL 13 DE DICIEMBRE DE 1960 EN PACIFIC PALISADES, CALIFORNIA, ESTADOS UNIDOS.

Randy Stoklos dominó el circuito de voleibol de playa durante las décadas de 1980 y 1990, ganando más de 100 torneos abiertos, incluidos varios títulos del AVP Tour y victorias internacionales. Su colaboración con Sinjin Smith formó uno de los equipos más temidos en la historia del voleibol playa.

EN EL NACIMIENTO DE UN DEPORTE

Lo que lo hace único es su papel pionero en la profesionalización del voleibol playa, elevando el nivel de juego y el estatus de los jugadores. Su asociación con Sinjin Smith y sus victorias consecutivas marcaron una era de dominio en el deporte. Su capacidad para realizar potentes bloqueos, ataques precisos y su imponente presencia lo convierten en una figura emblemática del voleibol playa.

Randy Stoklos no sólo acumuló títulos y reconocimientos sino que también contribuyó en gran medida al desarrollo del voleibol playa como deporte profesional. Fue uno de los primeros en vivir plenamente de este deporte, cambiando la percepción y el enfoque del voleibol playa. Sus estrategias de juego, técnica de entrenamiento y dedicación al deporte han influido en muchas generaciones de jugadores. Su carrera es un testimonio de la evolución del voleibol playa, desde sus humildes comienzos hasta su actual reconocimiento mundial.

Es el primer jugador en ganar un millón de dólares jugando voleibol de playa de manera competitiva.

#34

JORDAN LARSON

NACIDO EL 16 DE OCTUBRE DE 1986 EN FREMONT, NEBRASKA, ESTADOS UNIDOS

Jordan Larson ha sido un pilar del equipo nacional de Estados Unidos, contribuyendo a las medallas olímpicas de plata y bronce, así como a victorias en el Campeonato Mundial, la Copa del Mundo y el Gran Premio Mundial. A nivel de clubes, ganó varios campeonatos nacionales e internacionales, incluida la Liga de Campeones.

EL DOMINIO DE LARSON EN EL CAMPO

Jordan Larson es famoso por su versatilidad e inteligencia de juego. Lo que lo hace único es su capacidad para sobresalir en todos los aspectos del juego, desde la ofensiva hasta la recepción y la defensa. Es reconocida por su resiliencia, liderazgo y coherencia, desempeñando un papel crucial en cada equipo al que se ha unido. Su presencia tranquilizadora y su impacto, tanto ofensivo como defensivo, la convierten en una jugadora completa, respetada por sus compañeras y temida por sus oponentes.

A lo largo de su carrera, Jordan Larson ha sido una fuerza constante en la cancha, demostrando un nivel de habilidad y una ética de trabajo que la distingue. Sus contribuciones han sido cruciales en numerosos torneos internacionales, donde su capacidad para manejar la presión y producir actuaciones clave a menudo ha sido clave para el éxito de su equipo. También es reconocida por su compromiso con el voleibol más allá de su carrera como jugadora, participando en iniciativas de desarrollo deportivo e inspirando a atletas jóvenes.

Fue honrada por su ciudad natal, que declaró el "Día de Jordan Larson" en reconocimiento a sus logros atléticos.

#35

MATT ANDERSON

NACIDO EL 18 DE
ABRIL DE 1987 EN
BUFFALO, NUEVA
YORK,
ESTADOS UNIDOS

Matt Anderson fue un contribuyente clave para el equipo nacional de EE. UU., ayudando a ganar la medalla de bronce en los Juegos Olímpicos de 2016 en Río de Janeiro y múltiples títulos de la Liga Mundial y la Copa del Mundo. A nivel de clubes, ganó reputación internacional, ganando campeonatos en Rusia, Italia y Corea.

ATAQUE EN SU NIVEL MÁS ALTO

Matt Anderson es famoso por su impresionante ofensiva y su capacidad para desempeñar diversos roles en el campo. Lo que lo hace único es su adaptabilidad, su potencia en ataque y su regularidad en recepción. Ha sido una piedra angular para el equipo de EE. UU. en numerosos torneos internacionales, aportando fuerza ofensiva y estabilidad en defensa.

Más allá de su éxito con la selección nacional, Matt Anderson también ha sido reconocido por sus actuaciones a nivel de clubes, donde ha sido una fuerza dominante. Su capacidad para adaptarse a diferentes estilos de juego y campeonatos alrededor del mundo muestra su versatilidad y compromiso con el deporte. Su decisión de tomar un descanso de su carrera internacional por motivos de salud mental también fue un momento histórico, que destacó la importancia del bienestar de los atletas. Su capacidad para regresar al juego a un alto nivel es un testimonio de su resiliencia y amor por el voleibol.

El 29 de octubre de 2014, Anderson suspendió su carrera de voleibol. Solicitó la rescisión de su contrato con el Zenit Kazan por depresión.

#36

GABRIELA GUIMARAES

NACIDO EL 19 DE MAYO DE 1994 EN BELO HORIZONTE, BRASIL

Gabriela Guimarães, ha sido pieza clave en las victorias olímpicas, ganando una medalla de oro en Río 2016 y numerosas medallas en el Gran Premio Mundial, el Campeonato Mundial y la Liga de las Naciones. A nivel de clubes, ganó campeonatos en las ligas brasileña y turca.

UNA JUVENTUD RADIANTE

Gabriela Guimarães es famosa por su versatilidad en la cancha, su capacidad para jugar tanto en ataque como en recepción. Lo que lo hace único es su increíble agilidad, su refinada técnica y su capacidad para producir actuaciones notables en momentos críticos. Es particularmente conocida por su espíritu de lucha y determinación, que aporta energía e inspiración a su equipo.

A lo largo de su carrera, Gabi ha sido elogiada por sus importantes contribuciones a las victorias de su equipo, tanto a nivel nacional como internacional. Su presencia suele ser sinónimo de éxito, llevando a sus equipos a importantes victorias en competiciones de alto nivel. Destacan especialmente sus excepcionales actuaciones en torneos internacionales y su capacidad de adaptación y excelencia en entornos competitivos. Continúa representando a Brasil y sus clubes con distinción, estableciendo un legado duradero en el mundo del voleibol.

Ayudó a su equipo nacional a ganar la medalla de oro en el Campeonato Sudamericano de 2015[9] y también fue premiada como Jugadora Más Valiosa y Mejor Delantera Exterior.

YOANDRY LEAL

NACIDO EL 31 DE AGOSTO DE 1988 EN LA HABANA, CUBA.

Yoandry Leal ha ganado varios campeonatos nacionales e internacionales, incluidas victorias en la Liga de Campeones y campeonatos de las ligas brasileña e italiana. Su contribución a la selección brasileña ha sido significativa, ganando medallas en competiciones como el Campeonato Mundial FIVB.

LA FUERZA CUBANO-BRASILEÑA

Yoandry Leal es famoso por su excepcional capacidad goleadora, poder de ataque y técnica defensiva. Lo que la hace única es su exitoso paso de la selección cubana a la selección brasileña, lo que ilustra su capacidad para adaptarse y sobresalir en diferentes contextos de voleibol. Su presencia en el campo suele ser sinónimo de puntos decisivos y una defensa sólida, lo que lo convierte en un jugador indispensable para sus equipos.

Leal ha sido un jugador importante en todos los equipos en los que ha estado, aportando su experiencia y talento a diversos campeonatos y competiciones internacionales. Su capacidad para desempeñarse bajo presión y contribuir significativamente a victorias importantes ha cimentado su reputación como uno de los delanteros más dinámicos del deporte. Destaca especialmente su transición entre selecciones y su capacidad para mantener un alto nivel de rendimiento a lo largo de su carrera, lo que le convierte en un ejemplo de determinación y competencia.

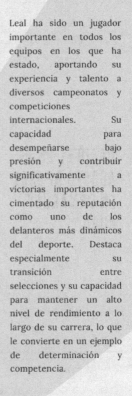

Leal fue uno de los primeros voleibolistas en cambiar de nacionalidad deportiva.

38

MIREYA LUIS

NACIÓ EL 25 DE AGOSTO DE 1967 EN CAMAGÜEY, CUBA.

Mireya Luis fue un pilar del equipo cubano que dominó la década de 1990, ganando tres medallas de oro olímpicas consecutivas (1992, 1996, 2000). Luis también contribuyó a varios títulos de campeonatos y copas del mundo, convirtiéndola en una de las jugadoras más exitosas de la historia.

LA LEYENDA AÉREA

Mireya Luis es famosa por su increíble habilidad para saltar y realizar ataques poderosos a pesar de su estatura relativamente modesta para el voleibol. Lo que la hace única es su impresionante técnica de salto y su sincronización, lo que le permite superar a oponentes a menudo más grandes. También es conocida por su espíritu de lucha y su capacidad para inspirar a sus compañeros de equipo.

Las victorias olímpicas de Mireya Luis y la selección cubana hicieron historia, simbolizando una era de supremacía en el voleibol femenino. Su presencia en el campo fue sinónimo de liderazgo y desempeño excepcional. Además de sus medallas, también es destacable su longevidad y su capacidad para mantenerse al más alto nivel durante muchos años. Ha sido una inspiración para jugadores y aficionados, no sólo en Cuba sino en todo el mundo, por su compromiso con la excelencia y el deporte.

Mireya era conocida por su espectacular potencia de salto, alcanzando los 3,39 metros, más que cualquier otro jugador, ¡a pesar de solo medir 1,75 metros!

ALEJANDRO SAVIN

NACIÓ EL 1 DE JULIO DE 1957 EN TAGANROG, RUSIA.

Aleksandr Savin llevó a su equipo al oro olímpico en 1980 en Moscú, fue campeón del mundo en tres ocasiones (1978, 1982, 1986) y ganó varios títulos europeos. Su estatura intimidante, junto con una técnica impecable, lo convirtieron en un adversario temido y un valioso aliado para la URSS.

LA ESTRELLA DEL VOLEIBOL SOVIÉTICO

Aleksandr Savin es famoso no sólo por sus actuaciones atléticas sino también por su imponente presencia en el campo. Con una altura de 2,08 metros, era conocido por sus poderosos golpes y bloqueos, que a menudo dejaban a sus oponentes en apuros. Su carrera estuvo marcada por una sucesión de victorias y récords, incluido su papel clave en la medalla de oro olímpica de 1980, símbolo de la supremacía deportiva soviética en ese momento.

Más allá de su éxito con la selección nacional, Savin dejó una huella imborrable en el mundo del voleibol. Era conocido por su capacidad para ofrecer servicios potentes y bloqueos devastadores, cambiando el rumbo de los partidos a favor de su equipo. Su presencia era tal que los oponentes a menudo tenían que desarrollar estrategias específicas para contrarrestar su juego. Fuera de la cancha, Savin era conocido por su compromiso con el deporte, participando activamente en la formación de jugadores jóvenes y la promoción del voleibol. Sus contribuciones al deporte han influido enormemente en las generaciones posteriores de jugadores, y su nombre se cita a menudo entre los mejores jugadores de voleibol de todos los tiempos. Su determinación y dedicación fueron ejemplos para sus compañeros y oponentes, lo que lo convirtió en una figura respetada mucho más allá de las fronteras soviéticas.

El 22 de octubre de 2010, Savin fue incluido en el Salón de la Fama del Voleibol.

ZHU TING

NACIDO EL 29 DE NOVIEMBRE DE 1994 EN DANCHENG, HENAN, CHINA.

Zhu Ting llevó al equipo nacional chino al oro olímpico en Río 2016, donde también fue nombrada MVP del torneo. Zhu ha ganado varios campeonatos mundiales con su club y equipo nacional, así como numerosos títulos de la Liga de Naciones de Voleibol y campeonatos asiáticos.

LA EMPERATRIZ DEL VOLEIBOL

Zhu Ting destaca por su polivalencia, capaz de jugar tanto de delantera como de receptor-atacante con notable eficacia. Sus actuaciones en los Juegos Olímpicos de 2016 y en competiciones internacionales de clubes resaltaron su capacidad para liderar e inspirar a su equipo en momentos críticos. Su imponente estatura, su impresionante gatillo y sus devastadores ataques la convierten en una oponente temida.

Más allá de sus medallas y títulos, Zhu Ting es reconocida por su resiliencia y compromiso con el voleibol. Jugó en diferentes ligas, incluso en Turquía, donde fue la estrella del equipo Vakıfbank İstanbul, llevando al club a múltiples títulos. Su presencia internacional no sólo ha mejorado su juego sino que también ha servido de inspiración para muchas jugadoras jóvenes en China y en todo el mundo. A pesar de las lesiones y los desafíos, Zhu mantuvo un desempeño constante, demostrando una fuerza física y mental poco común. Sus contribuciones al voleibol van mucho más allá de sus victorias; Ha influido considerablemente en la popularidad y evolución del deporte, particularmente en China, donde se la considera un modelo a seguir.

Fue nombrada abanderada de la delegación china a los Juegos Olímpicos de Verano de 2020 por el Comité Olímpico Chino.

RITA CROCKETT

NACIÓ EL 2 DE NOVIEMBRE DE 1957 EN SAN ANTONIO, TEXAS, ESTADOS UNIDOS

Rita Crockett marcó la historia del voleibol con su increíble relajación y su poder en ataque, lo que le valió el apodo de "El Cohete". Su historial incluye una medalla de plata olímpica en 1984, múltiples victorias en el Campeonato NORCECA y éxitos con clubes nacionales e internacionales.

LA HUELLA DE "EL COHETE"

Rita Crockett se destaca por su fenomenal verticalidad y juego explosivo, que redefinió la ofensiva y la defensa en el voleibol. Su presencia en el campo fue sinónimo de un desempeño dinámico y formidable. Sus años de carrera estuvieron marcados por momentos notables, incluidas sus actuaciones en los Juegos Olímpicos y sus importantes contribuciones a la popularización del voleibol femenino.

Crockett no solo se destacó dentro del campo sino también fuera de él como entrenadora y mentora, transmitiendo su pasión y experiencia a las generaciones futuras. Fue incluida en el Salón de la Fama del Voleibol, reconociendo su impacto indeleble en el deporte. Su viaje está salpicado de victorias, superación de desafíos y compromiso con la excelencia, lo que ilustra su determinación y amor por el voleibol. Su legado sigue vivo e inspira a jugadores de voleibol de todo el mundo.

Entre 1989 y 1994, Crockett jugó voleibol de playa profesionalmente y ganó 90.000 dólares en premios.

TAISMARY AGÜERO

NACIDO EL 5 DE MARZO DE 1977 EN SANCTI SPIRITUS, CUBA

Taismary Agüero ganó dos medallas de oro olímpicas con Cuba (1996, 2000) y numerosos campeonatos mundiales y continentales. A nivel de clubes, acumuló victorias en varias ligas europeas, convirtiéndose en una de las jugadoras más condecoradas.

LA SONRISA CUBANA

Lo que hace famoso a Taismary Agüero es su resistencia y capacidad para sobresalir en diversos roles en el campo. Su técnica de ataque y su potente servicio fueron activos importantes que le permitieron dominar el juego e influir en el resultado de muchos partidos. Se le atribuye haber llevado a sus equipos a la victoria en momentos cruciales, afirmando su condición de jugadora clave en numerosas ocasiones.

Además de su éxito como jugadora, Agüero también dejó su huella en el voleibol a través de su singular trayectoria personal. Luego de alcanzar lo más alto con la selección cubana, continuó su carrera en Italia, adquiriendo una nueva ciudadanía y continuando destacándose en las ligas europeas. Su adaptación a nuevas culturas y su permanencia al más alto nivel en dos selecciones nacionales diferentes son testimonio de su excepcional determinación y talento. También ha sido mentora e inspiración para jugadores jóvenes, compartiendo su experiencia y pasión por el deporte.

En el verano de 2001, Taismary Agüero abandonó la selección cubana durante un torneo en Suiza y solicitó asilo político en Italia. A finales de 2006 se nacionalizó italiana tras casarse con Alessio Botteghi.

#43

ALEXEY VERBOV

NACIÓ EL 31 DE ENERO DE 1982 EN MOSCÚ, RUSIA.

Alexey Verbov ha sido una parte clave de la selección rusa, contribuyendo a su éxito en numerosas competiciones internacionales. Sus logros incluyen victorias en el Campeonato de Europa, medallas en la Liga Mundial de Voleibol y apariciones destacadas en los Juegos Olímpicos.

EL MAESTRO DE LA DEFENSA

Alexey Verbov es famoso por su papel instrumental como líbero, una posición que se especializa en defensa y recepción. Lo que distingue a Verbov es su capacidad para leer el juego y realizar paradas espectaculares, a menudo lanzándose para mantener el balón en juego. Su pasión, compromiso con el deporte y liderazgo han sido factores clave en su longevidad y su éxito como profesional.

Durante su carrera, Verbov no sólo acumuló títulos y medallas, sino que también fue reconocido por su liderazgo e influencia positiva dentro y fuera del campo. Ha evolucionado y mantenido un alto nivel de rendimiento a lo largo de su carrera, adaptándose a los cambios en el juego y manteniéndose competitivo al más alto nivel. Tras retirarse como jugador, Verbov se dedicó a entrenar, transmitiendo sus conocimientos y pasión a las nuevas generaciones de jugadores, continuando influyendo en el mundo del voleibol.

Actualmente es el entrenador del equipo masculino Zenit Kazan.

44

DANIELLE SCOTT ARRUDA

NACIDO EL 1 DE OCTUBRE DE 1972 EN BATON ROUGE, LUISIANA, ESTADOS UNIDOS

Danielle Scott-Arruda es particularmente conocida por su longevidad y excelencia en el voleibol internacional. Es una de las pocas atletas que ha competido en cinco Juegos Olímpicos (1996, 2000, 2004, 2008, 2012), ganando dos medallas de plata. A nivel de clubes brilló en diversas ligas internacionales, acumulando títulos y distinciones.

UNA CARRERA OLÍMPICA EXCEPCIONAL

Lo que distingue a Danielle Scott-Arruda es su notable presencia en los Juegos Olímpicos, un récord para una jugadora de voleibol estadounidense. Su rendimiento constante, su poder de ataque y su liderazgo la convierten en una jugadora imprescindible. Fue un pilar del equipo estadounidense y contribuyó significativamente a su éxito en el escenario internacional.

Además de su impresionante récord olímpico, Danielle también dejó su huella en el voleibol a través de su compromiso e influencia fuera del campo. Ha sido embajadora de este deporte, involucrándose en diversas iniciativas para promover el voleibol y el deporte femenino. Su pasión y compromiso con el voleibol se refleja en su dedicación como entrenador y mentor, inspirando a las generaciones futuras. Su trayectoria ilustra la combinación de talento, trabajo duro y determinación inquebrantable, lo que lo convierte en una figura inspiradora y respetada.

Durante toda su carrera, la Sra. Scott-Arruda fue incluida en el Salón de la Fama del Voleibol Internacional en 2016.

45

SAEED MAROUF, "EL MAGO"

NACIÓ EL 20 DE OCTUBRE DE 1985 EN URMIA, IRÁN.

Saeid Marouf, un capitán icónico del equipo nacional iraní, llevó a su equipo a victorias históricas, incluidos varios títulos de campeonato asiático y apariciones notables en la Liga Mundial y los Juegos Olímpicos.

UN CONTRABANDISTA EXCEPCIONAL

Saeid Marouf es famoso por su excepcional técnica de pase y su capacidad para leer y controlar el juego, lo que le valió el apodo de "El Mago" en el campo. Su carrera está marcada por momentos en los que su previsión e inteligencia de juego cambiaron el rumbo de partidos cruciales, convirtiéndolo en un elemento valioso para cualquier equipo. Es respetado no sólo por su habilidad técnica sino también por su capacidad para motivar y sacar lo mejor de sus compañeros.

Marouf dejó una huella imborrable en el mundo del voleibol, no sólo llevando a Irán a alturas sin precedentes sino también jugando en clubes internacionales de renombre, mejorando el vínculo y el entendimiento entre jugadores de diferentes nacionalidades. Ha sido reconocido en numerosas ocasiones como uno de los mejores pasadores del mundo, un galardón que es testimonio de su talento y trabajo duro. Su compromiso con el voleibol va más allá de la cancha, involucrándose en la formación de jóvenes talentos y la promoción del deporte en Irán e internacionalmente.

Marouf, junto con atletas populares como Ali Daei, Hamid Sourian y Behdad Salimi, contribuyeron a la lucha contra la pobreza y el hambre en el marco del Programa Mundial de Alimentos.

46

STEFANA VELJKOVIĆ

NACIÓ EL 9 DE ENERO DE 1990 EN JAGODINA, SERBIA.

Stefana Veljković es una figura central de la selección serbia. Fue impulsora del equipo que ganó el oro en la Eurocopa y la plata en los Juegos Olímpicos de 2016. A nivel de clubes, también ha conseguido numerosos títulos y reconocimientos, demostrando su habilidad y su constancia como potencia.

UN PILAR DEL VOLEIBOL SERBIO

Lo que hace famosa a Stefana Veljković es su intimidante presencia en la red y su contribución decisiva en los momentos críticos. Es conocida por su capacidad para realizar bloqueos devastadores, así como por su refinada técnica ofensiva. Su longevidad y desempeño constante a nivel de clubes y selecciones nacionales ilustran su compromiso y pasión por el voleibol.

A lo largo de su carrera, Stefana ha acumulado una trayectoria impresionante, pero es su liderazgo y su presencia en el campo lo que ha dejado su huella. Desempeñó un papel clave en el ascenso de Serbia como potencia del voleibol femenino, ganando el Campeonato de Europa y llegando a la final olímpica. Su capacidad para adaptarse a diferentes estilos de juego y destacar en ligas internacionales competitivas demuestra su talento y versatilidad. Fuera del campo, es conocida por su participación comunitaria y su papel como mentora de atletas jóvenes.

Ha competido en los Juegos Olímpicos tres veces, quedando quinta en Beijing en 2008, undécima en Londres en 2012 y ganando la medalla de plata en Río de Janeiro en 2016.

47

BRUNO REZENDE

Su palmarés incluye varias medallas de oro olímpicas, victorias en el Campeonato Mundial, el Campeonato Sudamericano y la Liga Mundial. Su capacidad para dirigir el juego, su visión estratégica y su impecable técnica lo convierten en uno de los pasadores más respetados y consumados del voleibol moderno.

EL ARQUITECTO DEL VOLEIBOL BRASILEÑO

Bruno es famoso por su inteligencia de juego, su precisión técnica y su capacidad para dinamizar y coordinar el ataque de su equipo. Su capacidad para realizar pases precisos bajo presión y mantener un alto nivel de rendimiento en competiciones internacionales es lo que lo distingue. Su liderazgo, tanto dentro como fuera del campo, inspira a sus compañeros y le ha ganado la reputación de capitán ejemplar.

A lo largo de su carrera, Bruno ha demostrado una notable consistencia y capacidad para sobresalir en los momentos críticos. Sus actuaciones en los Juegos Olímpicos y Campeonatos Mundiales son testimonio de su espíritu competitivo y determinación. Fuera de la cancha, es conocido por su compromiso con el desarrollo del voleibol, contribuyendo a iniciativas de formación de jóvenes talentos. Bruno también ha jugado para muchos de los mejores clubes de voleibol del mundo, aportando su conocimiento y experiencia a cada equipo.

Es hijo de Bernardo Rezende, exjugador internacional brasileño y exentrenador de Francia, anteriormente de Brasil.

48

THAISA MENEZES

NACIDO EL 15 DE MAYO DE 1987 EN RÍO DE JANEIRO, BRASIL.

Thaísa MenezesSu palmarés incluye dos medallas de oro olímpicas (2008, 2012), varios Campeonatos Mundiales y victorias en el Gran Premio Mundial de Voleibol. Thaísa Menezes también es reconocida por sus actuaciones en clubes, donde ha ganado numerosos títulos nacionales e internacionales.

EL MURO BRASILEÑO

Thaísa es famosa por su importante impacto tanto a nivel nacional como internacional. Su capacidad para rendir bajo presión, su talento para bloquear y atacar y su pasión por el deporte son elementos que la distinguen. Fue un componente clave de la selección brasileña, contribuyendo a su estatus como potencia mundial en el voleibol femenino.

Más allá de sus medallas y títulos, Thaísa es conocida por su resiliencia y su regreso al más alto nivel luego de graves lesiones, demostrando su fuerza y determinación. Ha sido un modelo a seguir para muchos jugadores jóvenes a través de su ética de trabajo y compromiso con el deporte. Su paso por diferentes clubes internacionales también ha influido en su visión del juego y enriquecido su experiencia, haciéndola versátil y adaptable a diferentes estilos de juego.

Hasta los 13 años, Thaísa practicó natación y luego, siguiendo el ejemplo de su hermano Tiago, se dedicó al voleibol.

MATEY KAZIYSKI

NACIDO EL 23 DE SEPTIEMBRE DE 1984 EN SOFÍA, BULGARIA

Matey Kaziyski llevó a la selección búlgara a varios éxitos internacionales, incluidas medallas en el Campeonato de Europa y la Liga Mundial de Voleibol. A nivel de clubes, ganó numerosos títulos, en particular en la prestigiosa liga italiana y otras competiciones europeas.

UNA LEYENDA EN UNA NACIÓN MENOR

Matey Kaziyski es famoso por su increíble liberación vertical y su poderoso brazo de ataque, lo que le permite dominar a sus oponentes. Su pasión, determinación y compromiso marcaron su carrera, convirtiéndolo en uno de los jugadores más influyentes de su generación. Su presencia en el campo es sinónimo de liderazgo e inspiración, contribuyendo significativamente al desempeño de su equipo.

A lo largo de su carrera, Matey ha sido elogiado por su versatilidad, jugando con una intensidad y técnica exclusivamente suya. Sus actuaciones con el club y la selección nacional han sido consistentemente altas, prueba de su capacidad para mantener un nivel de juego excepcional. Su contribución al voleibol búlgaro e internacional es inmensa, con momentos notables que incluyen victorias espectaculares y actuaciones individuales notables. Su influencia trasciende fronteras e inspira a muchos jugadores y fanáticos de este deporte.

Sus padres eran jugadores de voleibol de la selección búlgara.

#50

SAORI KIMURA

NACIDO EL 19 DE AGOSTO DE 1986 EN YASHIO, SAITAMA, JAPÓN

A Saori Kimura se le atribuye haber llevado a su equipo a la obtención de una medalla de bronce en los Juegos Olímpicos de Londres 2012. También ha ganado varias medallas en el Campeonato Asiático y la Copa del Mundo, así como títulos de clubes, incluso en la prestigiosa liga italiana.

UNA GIGANTA DEL SOL NACIENTE

Saori Kimura es famosa por su capacidad para inspirar a sus compañeras de equipo y por su increíble contribución al voleibol japonés y mundial. Su constancia, su elegancia en el juego y su capacidad para conseguir puntos espectaculares bajo presión marcaron su carrera. Es reconocida por su constancia y espíritu deportivo, representando el voleibol con gracia y habilidad.

Aparte de sus logros deportivos, Saori Kimura es conocida por su excepcional longevidad como atleta de alto nivel, representando a Japón en múltiples competiciones internacionales durante un largo periodo de tiempo. Su estilo de juego, que mezcla potencia y delicadeza, la ha convertido en una jugadora clave en el campo. Ha sido un modelo a seguir para muchos jugadores jóvenes de todo el mundo, simbolizando el éxito y la determinación. Después de retirarse, continuó influyendo en el deporte como entrenadora y comentarista.

Ha disputado un total de 319 partidos internacionales con la selección japonesa, lo que le permitió jugar con su hermana Misato en la selección nacional.

Al cerrar "Las 50 leyendas del voleibol", nos vemos arrastrados por una ola de admiración e inspiración.

Estas historias no son sólo una ventana abierta a los logros atléticos, sino también al espíritu humano, capaz de superar obstáculos y elevarse a nuevas cotas.

Estas leyendas, con su inquebrantable dedicación y pasión por el juego, nos recuerdan que el verdadero espíritu del voleibol reside en el coraje, la amistad y la búsqueda incesante de la excelencia.

Su legado sigue guiando e inspirando a generaciones de jugadores y aficionados, haciendo del voleibol algo más que un deporte, sino una comunidad mundial unida por el amor al juego.

Comparte con nosotros tus reacciones tras descubrir o redescubrir a estas 50 leyendas
Visítanos en nuestras redes:

Made in United States
Orlando, FL
23 November 2024